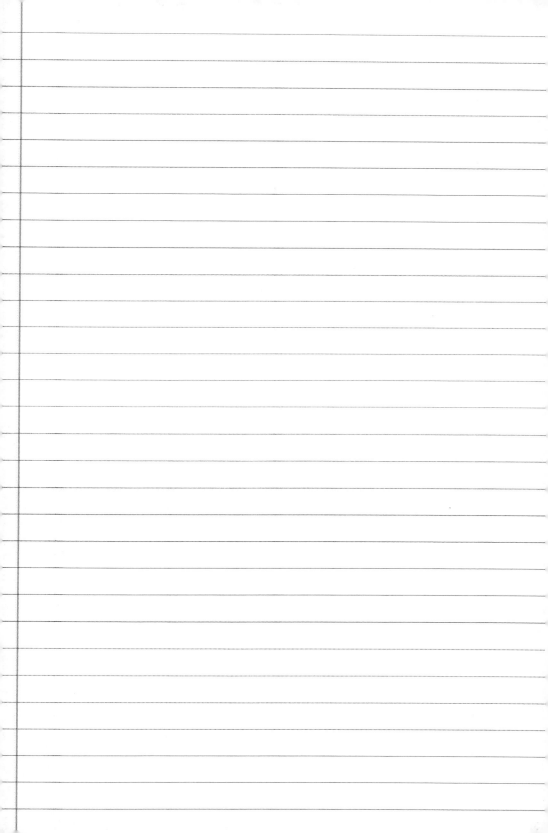

Made in the USA
Las Vegas, NV
30 January 2022

42624865R00057